YJ 10418

PRÉFACE
DE LA
COMÉDIE
DES
PHILOSOPHES.

On la vend séparément.

Par l'abbé Morellet.

A PARIS,
Chez l'Auteur de la Comédie.

M. DCC. LX.

PRÉFACE
DE LA COMÉDIE
DES
PHILOSOPHES,
OU
LA VISION
DE CHARLES PALISSOT.

ET le premier jour du mois de Janvier de l'an de grace 1760, j'étois dans ma chambre, rue baffe du Rempart, & je n'avois point d'argent,

Et Madame de** ne me payoit plus, parce que je ne lui étois plus bon à rien, & je ne pouvois plus vendre ***, parce que je l'avois déjà vendu plusieurs fois.

Et je disois : oh, qui me donnera l'éloquence de Chaumeix, la légereté de Berthier & la profondeur de Fréron, & je ferai une bonne Satyre contre quelqu'un de mes Bienfaiteurs, & je la vendrai 400 francs, & je me donnerai un habit neuf à Pâques;

Et je roulois ces pensées dans mon esprit, & j'entendis une voix qui m'appelloit par mon nom, & je fus saisi de crainte, car j'ai peur même quand je suis seul, & la voix me rassura, & me dit :

Je t'ai choisi entre mille pour sanctifier le Théatre de la Comédie Françoise, pour en faire une

Ecole de Religion, & pour y combattre la Philosophie, comme on y a combattu le ridicule jusqu'à ce jour;

Et la Comédie deviendra un Spectacle d'édification, & les Capucins y enverront leurs Novices, & les Supérieurs de Séminaire leurs jeunes Clercs, & la dévotion sera réconciliée avec le Théatre, comme on l'a déjà *réconciliée avec l'esprit;*

Et on connoîtra désormais les dévots à leur assiduité à la Comédie & aux applaudissemens qu'ils te prodigueront, & les hommes irréligieux & Philosophes au mépris qu'ils feront de ta Piece & de tes admirateurs;

Et tu peindras de couleurs

odieuses la Philosophie, & tu accuseras les Philosophes de n'avoir ni mœurs ni probité, d'exciter la sédition, & de haïr le Gouvernement, & je ferai taire en ta faveur les Loix qui proscrivent la calomnie.

Et tu grossiras les fautes du petit nombre de ceux qui dans des ouvrages métaphysiques ont poussé trop loin la liberté de penser, & tu envenimeras même ce qu'ils auront dit de vrai;

Et tu persuaderas à tes spectateurs que les hommes ressemblent toujours à leurs livres, parce que tu gagnerois encore à n'être pas plus décrié que tes ouvrages;

Et tu donneras à entendre que tous ceux qu'on appelle Philosophes ont les mêmes opinions, afin que les fautes d'un seul rendent tous les autres odieux;

Et le nom de Philosophe sera une injure en François, & lorsqu'on voudra nuire à quelqu'un on dira qu'il est homme de lettres, & on se gardera bien de choisir des hommes instruits & des Philosophes pour remplir les grandes places de l'administration,

Et pour nommer aux places des Académies on ne demandera pas quels sont les ouvrages des Candidats, mais quel est leur Confesseur, & on mettra un tronc & un bénitier à la porte de la Salle, & les discours de réception seront des Sermons contre l'*incrédulité.*

Et on fera venir des Colonies de Moines Espagnols & Portugais, pour ramener la simplicité de la foi & la pureté des mœurs des siecles d'ignorance, & pour extirper l'orgueil de la Philosophie, & on établira plusieurs Tribunaux de la sainte Inquisition,

Et on n'imprimera rien qui ne soit approuvé par douze Docteurs en Théologie de Conimbre ou de Salamanque & par quatre Inquisiteurs;

Et il y aura chaque année un bel *auto-da-fé* où on brûlera à petit feu un certain nombre de gens de Lettres pour le salut & l'édification des autres;

Et lorsque la lumiere odieuse de cette maudite Philosophie sera tout-à-fait éteinte, & que tous les hommes célebres qui font aujourd'hui parmi vous fe feront difperfés en Hollande, en Pruffe, en Angleterre, vous vous réjouirez & vous vous direz :

Enfin tout Philofophe eft banni de céans,
Et nous n'y vivrons plus qu'avec d'honnêtes gens.

ET ce fera ta Comédie qui aura produit de grandes chofes ;

ET je dis à la voix comment s'accomplira ta parole, car j'ignore le théatre ; je n'ai de célébrité que par *les grands Philofophes* fur lefquels j'ai fait *mes petites Lettres*. Ma Tragédie de *Zarés* n'a été qu'au fecond Acte, on a oublié jufqu'au nom de mes *Tuteurs*, & pour avoir fait à Nancy ma Piéce des *Originaux* qui est ignorée jusqu'à ce jour, peu s'en est fallu qu'on ne m'ait chassé d'une Académie ;

Et la voix reprit : ne crains rien, je serai avec toi & je donnerai un heureux succès à ta Piece, & Maître Aliboron, dit Fréron de l'Académie d'Angers, t'aidera dans ton travail, & l'Auteur des Cacouacs que j'ai inspiré & Abraham Chaumeix & l'Auteur de l'Apologie de la St. Barthélemy que j'ai appellé mon fils, & l'Auteur du Discours qui sera prononcé le 10. Mars à l'Académie Françoise ;

Et vous recueillerez toutes les épigrammes des Préfets du College de Clermont & toutes les déclamations du Journal de Trévoux & toutes les injures de l'année littéraire & toutes les délicatesses des Cacouacs & tous les arguments de la Gazette ecclésiastique, & toutes les saillies de tes caillettes, & tous les traits d'éloquence des Mandements;

Et vous prendrez une intrigue commune, & vous mettrez quelques scenes les unes auprès des autres, & ces scenes seront ou des raisonnemens vagues ou des injures grossieres ou des personnalités révoltantes, & vous appellerez cela les *Philosophes*;

Et tu liras ta Piece qui ne sera pas ta Piece à Monseigneur l'Evêque D* avant qu'on la joue, & il la trouvera très-*édifiante*;

Et la Cour & la Ville voudront voir ta Comédie, & la foule y sera plus grande qu'aux premieres représentations de Zaïre, & on y doublera la garde, & il se vendra vingt mille exemplaires de ta Piéce imprimée,

Et on verra une grande Dame bien malade défirer pour toute consolation avant de mourir d'assister à ta premiere représentation, & dire: *c'est maintenant, Seigneur, que vous laissez aller votre servante en paix, car mes yeux ont vu la vengeance.*

Et cette grande Dame fera un legs pieux par son Testament pour acheter à perpétuité tous les billets de parterre aux représentations de ta Comédie, & ils seront distribués pour l'amour de Dieu à des gens qui s'engageront à applaudir, & pour être encore plus sûr de leurs suffrages, tu feras dire finement par un de tes Acteurs *que l'ancien goût tient encore au parterre.*

Et bien que ta Piece soit sans intrigue & sans intérêt, qu'elle soit triste & affligeante mes serviteurs applaudiront aux méchancetés que tu y auras prodiguées, & nous rendront les gens instruits ridicules & les Philosophes odieux.

Et je dis à la voix : je suis dans ta main comme l'argile est entre les mains du Potier, mais les Magistrats ne voudront pas permetre que ma Comédie soit représentée, ni que ce genre de spectacle s'établisse dans ma nation ; les Comédiens ne voudront pas la jouer, & si elle est représentée je cours fortune d'être assommé par quelqu'un de ceux que j'aurai insulté :

Et la voix reprit : prends confiance, j'applanirai devant toi toutes les difficultés; des hommes puissans protégeront ta Piece & s'en cacheront, & on s'écartera pour toi seul des loix ordinaires de la Police, & on ne permettra pas de jouer l'hypocrisie & le scandale & la friponnerie & l'ignorance & les sottises, &c. mais seulement la Philosophie ;

Et les Comédiens aimeront mieux l'argent que l'honneur, & ils n'attendront pas qu'on les force à jouer ta Piece, & si quelqu'un de leurs camarades leur repréſente qu'ils vont perdre l'eſtime & l'amitié des gens de Lettres qui les honoroient, ils trouveront bon que tu inſultes ſur leur théatre même à ce cenſeur indiſcret, & tu feras dire à tes Acteurs que ces fripons de Philoſophes ont trouvé un parti juſques parmi les Actrices ;

ET pour te raſſurer contre la correction que tu dois craindre, parce que là où les loix ſe taiſent, la violence reprend ſes droits : j'endurcirai ton dos comme la boſſe des chameaux de Madian & d'Epha & ta peau comme celle des Onagres du déſert ;

ET ſi tu fais ainſi mes volontés quoique tu ne ſois que le moindre des littérateurs, tu deviendras tout d'un coup célebre, & on te montrera au doigt, & on dira : voilà l'Auteur de la Piece des Philosophes, le voilà, parce que j'ai choisi ton petit esprit pour confondre le génie, & ton ignorance pour décrier le savoir ;

Et les honnêtes gens ne voudront pas plus te recevoir dans leurs maisons qu'avant ta Comédie, mais ils demandront qui tu es & ce que tu faisois avant de faire ta Piece *des Philosophes* ?

Et on leur racontera comment tu es natif de Nancy, & comment tu as fait de bonheur des petits ouvrages & de grandes friponneries,

Et comment tu as fait une Comédie en Lorraine où tu as mis sur la scene une femme respectable par sa naissance & par ses talens, & un Philosophe dont tu n'es pas digne de dénouer les cordons des souliers, & comment les honnêtes gens de ton pays ont voulu te faire chasser de l'Académie de Nancy, & comment le Philosophe que tu avois insulté & que tu insulteras encore a été ton intercesseur,

Et comment tu as fait des satyres contre des personnes qui te recevoient chez elles, & comment tu as volé tes associés au privilege des Gazettes étrangeres, & comment tu as volé une caisse qui t'étoit confiée & comment tu as fait banqueroute,

Et comment tu as fait abjurer le Christianisme à un de tes camarades dans une partie de débauche & comment tu as fait de ta maiſon un mauvais lieu & comment ********* &c.

Et comment Maître Aliboron, dit Fréron, de l'Académie d'Angers, t'a trouvé propre à ſeconder ſes grands deſſeins, & t'a pris dans ſon trou pour abboyer avec lui & pour inſulter aux talens & au génie,

Et tous les autres faits & geſtes ainſi qu'ils feront un jour écrits au livre des grandes chroniques de Biſſètre;

Et lorſqu'on aura remué les ordures de ta vie, on s'étonnera de te voir devenu tout à coup l'Apôtre des mœurs & le défenſeur de la Religion, & on demandera comment un homme qui n'a ni Religion, ni mœurs, ni probité, ose-t-il parler de probité, de mœurs & de Religion, & tu répondras que la foi couvre la multitude des péchés, & qu'il vaut mieux être frippon qu'incrédule & crapuleux que Philosophe, & on trouvera ta réponse bonne;

Et si on te demande qui t'a envoyé & qui t'a ordonné d'écrire ta Comédie, tu diras que c'est moi, & je vais me faire connoître à toi & dessiller tes yeux;

Et la voix cessa de parler, & je sentis comme un nuage se dissiper de devant mes prunelles, & je vis une petite femme vêtue d'un habit de différentes couleurs & elle avoit une ancienne coëffure de la fin du régne de Louis XIV. & elle tenoit un ſtilet dans ſa main droite & dans ſa gauche un chapelet, & de ſon bras pendoient par des cordons des croix de différents ordres, des Bâtons de Commandement, des Mortiers, beaucoup de Mitres, des Brevets de toute eſpece & une grande quantité de Bourſes,

ET elle faiſoit beaucoup de grimaces,

ET elle avoit les yeux baiſſés, regardoit en deſſous & derriere elle avec inquiétude.

ET je la voyois grandir ſenſiblement pendant que je la regardois, & je conjecturai que dans peu de temps elle ſeroit forte & puiſſante ;

ET ſur ſon front étoit écrit *la dévotion politique* ;

Et je me prosternai à ses pieds, & elle me donna une de ses bourses, & elle mit sa main sur ma tête, & je me sentis animé de son esprit, & je me mis à écrire ma Comédie des Philosophes comme il s'ensuit.

www.ingramcontent.com/pod-product-compliance
Lightning Source LLC
Chambersburg PA
CBHW060450050426
42451CB00014B/3255